ドイツ 🇩🇪

正式国名
ドイツ連邦共和国

面積
約 **35.8** 万km²
（日本は約37.8万km²）

人口
約 **8454** 万人（2023年）
（国連人口基金）
（日本は1億2156万人）

国旗
1919年制定のワイマール（ヴァイマール）共和国旗や旧西ドイツと同じもの。上から黒、赤、金（黄）の色で構成される。

日本との距離
東京からベルリンまで
直線距離で約 **8945** km

時差
標準時は8時間の時差がある。首都ベルリンは日本より8時間おそい。日本が昼の12時のとき、ベルリンは午前4時。夏時間（3月下旬から10月下旬）の期間は時差が7時間になる。

気候
北大西洋海流の影響でほとんどの地域が西岸海洋性気候である。首都ベルリンの年間平均気温は10.4℃。

▲ベルリンと東京の月別平均気温と降水量
（※ベルリンの降水量は、1991年から2020年の平均値）
（『理科年表 2025』丸善出版）

▲西部の都市エッセンのツォルフェアアイン炭坑業遺産群の第12採掘坑。

▲西部ケルンにあるケルン大聖堂はゴシック様式の大聖堂。

▲シュプレー川の中州にあるベルリンのムゼウムスインゼル（博物館島）。

ドイツと周辺の国ぐに

（地図：ノルウェー、スウェーデン、バルト海、北海、デンマーク、オランダ、イギリス、ベルギー、ルクセンブルク、フランス、大西洋、スイス、イタリア、地中海、ベルリン、ドイツ、ポーランド、チェコ、オーストリア）

ドイツのおもな世界遺産
2024年現在、国境をこえる遺産をふくめ54件が登録されている。

- アーヘン大聖堂
- ヴァルトブルク城
- ヴュルツブルク司教館、その庭園群と広場
- エッセンのツォルフェアアイン炭坑業遺産群
- ケルン大聖堂
- ベルリンのムゼウムスインゼル（博物館島）
- ワッデン海　　　　　　　　ほか

現地取材！世界のくらし ㉑
ドイツ

文・写真：小原佐和子　監修：金城ハウプトマン朱美

東部ザクセン州マイセンのまちと、エルベ川のほとりに建つアルブレヒト城。

現地取材！世界のくらし㉑

ドイツ

もくじ

グーテン・モルゲン
おはようございます
グーテン・ターク
こんにちは
グーテン・アーベント
こんばんは
グーテ・ナハト
おやすみなさい

動画が見られる！

乗車体験ができる蒸気機関車。

屋台の名物、焼きソーセージ。

自然と気候
森林と農地の国 …… 4

国のあらまし
戦争と分断からの復興 …… 6

住居と習慣
首都にくらす4人家族 …… 8
整えられたくらし …… 10
ゆたかな住居環境 …… 12

食と習慣
土地が育むパンと肉 …… 14
多様化する食文化 …… 16

まちとくらし
充実する交通網 …… 18
秩序あるくらしとルール …… 20

ハンペルマンという木のおもちゃ。

FCケルンのサポーター。

学校生活
- 基礎学校で決める進路 ……………… 22
- たくさんある学校行事 ……………… 24
- 体験から学ぶ子どもたち …………… 26

子どもの遊び
- 現代の遊びと自然の遊び …………… 28

スポーツ・娯楽
- 自分の時間を楽しむ ………………… 30

行事と冠婚葬祭
- 季節を祝う伝統行事 ………………… 32
- 結婚式は役所で ……………………… 34

くらしの多様性
- 技術をつなぐ伝統職 ………………… 36
- 多様性の国へ ………………………… 38

SDGsとくらし
- 環境先進国の取りくみ ……………… 40
- 平和な社会に向けて ………………… 42

日本との関係
- 文化で深まる日本とドイツ ………… 44

〔巻末資料〕………………………………… 46

さくいん …………………………………… 48

◀こちらのサイトにアクセスすると、本書に掲載していない写真や、関連動画を見ることができます。

ケルン大聖堂にある現代美術家リヒターのステンドグラス。

ドイツの作家、ゲーテの像。

マウスは1971年生まれの国民的キャラクター。

大道芸は広場の定番。

森林と農地の国

▲西部フランクフルトから約200kmはなれた南部バイエルン州アイヒェンベルク村。なだらかな丘陵地帯に森林が広がる。村は教会を中心にしてつくられ、周囲には農地や牧草地、果樹畑が広がる。伝統的な南ドイツの風景のひとつ。

森林の国ドイツ

　ドイツはヨーロッパのほぼ中央に位置する国です。スイスなど9つの国と国境を接し、北部は北海とバルト海に面しています。北部には北ドイツ平原が広がり、中央部は低くなだらかな山地、南部には標高の高いアルプスの山やまがそびえる、変化に富んだ地形が特徴です。ライン川（全長約1233km、ドイツ内約865km）などの長く大きな川が国をつらぬいています。

　ドイツの国土の約3分の1は森林でおおわれていて、16の国立公園、17のユネスコ生物圏保存地域[*1]、約9000[*2]の自然保護地域があります。森林はドイツの原風景ともいわれます。

　気候は、ほとんどの地域が温暖な西岸海洋性気候で、夏季は平均気温が20℃前後、湿度も低く乾燥しているため、すずしい気候です。冬季は0℃前後の寒い期間が長く続き、特に南部では雪が降ります。近年は夏に最高気温を更新するなど、気候変動の影響が心配されています。

　高緯度に位置するため、日照時間は夏が長く、冬は短くなります。日の出が早い夏の明るい時間帯を活用するため、毎年3月下旬から10月下旬までの7か月間は夏時間（サマータイム）になります。夏時間のあいだは、全国で時計の針を標準時間より1時間早めてくらします。

*1　ユネスコBiosphere Reserves in Germany（2023年時点）。　　*2　ドイツ連邦自然保護局BfN（2022年時点）。

▲ドイツの春はリンゴの木にさく白い花でいっぱいになる。リンゴはもっとも身近な果物のひとつで、あちこちに植えられている。

▲古くから森林は木材や炭、ハチミツや果物をとる生活に欠かせない場所だ。今では国による保護や回復の取りくみが進む。

▲ドイツ最長のライン川。南部の雪どけ水や雨水を北海に流す。また、船を使った河川輸送の役割もになう。流域各国の自由な運航がみとめられている国際河川のため、外国の船も行きかう。

▲雪が積もるドイツ南部の山岳地帯。観光地として国内外から人が集まる。

ヨーロッパの農業大国

ドイツではすずしい気候をいかした農業がさかんです。国土の約46％が農地として利用されています。食料を自国で生産している割合（自給率）は約83％（2021年時点）、農業生産額は欧州連合（EU）の中で第3位です。

北ドイツ平原では、小麦などの穀物やさとうの原料テンサイ、ジャガイモなどを生産しています。中部から南部にかけては乳牛を飼い、牛乳や乳製品を生産するのがさかんです。牧草や飼料を育てながら、肉牛やブタなどの飼育もしています。

▲森林や公園でよく見られる野鳥のヨーロッパコマドリ（左）、野ウサギ（右）。自然保護は1994年にドイツ基本法（憲法）に記され、国の目標となった。

▼南部バイエルン州に広がる農地。

戦争と分断からの復興

西部フランクフルトにあるレーマー広場は、中世のおもかげを残すまちなみが見られる。右端にある建物が、ドイツ伝統の木組みの建築で、左側にあるのが市庁舎（レーマー）。

東西の分断と統一

　ヨーロッパ北部でくらしていたゲルマン民族が、4世紀末から西ヨーロッパへの移動を開始し、現在のドイツの地に定着します。その後、300におよぶ小さな国が分立した時代をへて、1871年にドイツ帝国が成立。第2次世界大戦ではアメリカや旧ソ連などの連合国に敗れ、1949年にドイツ連邦共和国（西ドイツ・資本主義）とドイツ民主共和国（東ドイツ・社会主義）の2つの国へと分けられました。

　1989年、東西を分断していた「ベルリンの壁」がこわされ、翌年にドイツはふたたび1つの国になりました。欧州連合（EU）に加盟しており、2023年の国内総生産（GDP）は世界第3位の経済大国となっています。

　政治は議会制民主主義で国の代表は大統領です。16州からなる連邦共和制で、州政府はそれぞれの法律をもち、首相や大臣もいます。国は外交や軍事、通貨などを受けもち、住民の生活にかかわる教育や警察は州が受けもちます。

　公用語はドイツ語で、人口の約半数がカトリックとプロテスタントのキリスト教です。

▲フランクフルトにある欧州中央銀行（ECB）は、欧州連合（EU）の共通通貨であるユーロの金融政策を決める銀行。

世界有数の工業国家

　西北部のルール地方で石炭がとれたことなどによりルール工業地域が発展し、ドイツは世界有数の工業国家になりました。1950年代以降には、西ドイツの労働力不足をおぎなうために国外から労働者を受けいれ、今の移民国家、多様性社会の基礎になりました。

　現在の工業分野では、自動車や機械、医薬品の生産と輸出がさかんです。ドイツで生産された自動車は、日本へも多く輸出されています。日本の自動車メーカーは、ドイツから車づくりを学んだとされ、長い関係があります。

　1960年代には工業地域や車から排出されるガスやけむりによって大気が汚染され社会問題になったことがあり、市民の環境や気候を守る意識が高まったといわれます。ごみの削減やリサイクル、排気ガスをへらす電気自動車の促進、化石燃料にたよらない太陽や風を利用した再生可能エネルギーの活用などを国の目標にしています。

▲東部ドレスデンにあるドイツの車メーカー・フォルクスワーゲン社の工場。ここでは電気自動車のみが生産されている。環境にやさしい電気自動車の生産と普及に、ヨーロッパ全体で力を入れている。

▲電気自動車を生産するフォルクスワーゲン社の工場。

© Chris Ludwig / VW

ベルリンの壁

　第2次世界大戦後、世界ではアメリカを中心とする西側（資本主義）、旧ソ連を中心とする東側（社会主義）の国際的な対立「冷戦」が続きました。そのなかで、経済状況が悪化した東ドイツの国民が、西ドイツ側へにげるのを防ぐため、1961年にベルリン内の2つの国の境界にそって「ベルリンの壁」が建設されました。全長155kmの壁は長い分断と冷戦の時代を象徴するものでした。

　分断中、国民は2つの国を自由に行き来することはできず、東側には地雷がうめられていた場所もありました。

▲2つの国を分断していたベルリンの壁。壁をはさんで右側が東ドイツ、左側が西ドイツだった。

住居と習慣①

首都にくらす4人家族

1 住居もくらしにあわせて

マティスさんは首都ベルリンの中心部にくらす5年生です。旧西ドイツ地域にある5階建ての集合住宅の3階に住んでいます。母親で教育関係の仕事をするエレンさん、8年生の姉レーナ・クラーラさん、父親でエンジニアのモーリッツさんの4人でくらしています。

この住居は、1902年に建てられた集合住宅の同じ階にある2つの住居をつなげて利用しています。そのため、住居の内部は細長いつくりになっています。

玄関を開けると、すぐ目の前はろうかです。くつは室内のろうか、玄関の外に置いてから、住居の中に入ります。日本のようなくつをぬいで置く場所や段差はありません。

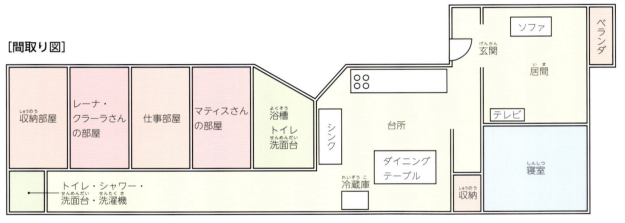

[間取り図]

左から、母親のエレンさん、姉のレーナ・クラーラさん、マティスさん、父親のモーリッツさん。エレンさんが選んだアート作品が部屋をかざる。

▲この家では来客は玄関でくつをぬいで部屋に入る。ドアにはオートロックの機能がつけられている。一般的にドアは内開きが多い。

▲広い居間は通りに面しており、明るい。古い集合住宅などの建物は天井が高く、室内のかざりやデザインが美しいという。

▼古い集合住宅のため、エレベーターはない。

▲家族が住むのは古い集合住宅がならぶ地域。

▲1階にある集合住宅のエントランスのドアも自動でかぎがかかる。壁には住民用のポストがならぶ。

東ドイツのアンペルマン

「アンペルマン」は東ドイツの歩行者信号機で使用されていた人型のマークの愛称です。ドイツの統一は東ドイツが西ドイツに吸収される形だったため、生活様式などが変わりました。ベルリンの交通信号も西ドイツ化が進みましたが、この「アンペルマン」をおしむ声がありました。極端な西ドイツ化への反対運動もあり、一部の信号機は残されました。その後、信号機がLED化されてもアンペルマンのデザインが使用されています。

今ではベルリンを代表するキャラクターのひとつになりました。

▲青（左）がわたるサイン、赤（右下奥）は止まるサイン。右上の2点はベルリンで売られているグッズ。

9

住居と習慣②

整えられたくらし

◀食器洗い乾燥機。

オーブン。

◀ドイツ製の包丁。刃物づくりは中世から続く伝統産業。

▲パンを保存する容器。

ロボット掃除機。

広くて機能的なキッチン。換気扇はないが、大きな窓がある。

■ 機能的で合理的な台所

　台所には大きなダイニングテーブルがあります。IHクッキングヒーターや冷蔵庫、揚げ物のための電気フライヤーやエスプレッソマシンがそろっています。特にオーブンはどの家庭にもある調理器具なのだそうです。

　調理のための作業台は木製の戸棚つきで、収納スペースがある機能的なつくりです。調味料やびんは壁の棚に置くなど、掃除しやすい工夫が見られます。シンク（流し台）や食器洗い乾燥機を合理的に組みあわせたシステムキッチンが発達したのはドイツです。「整理することは人生の半分」ということわざがあるドイツらしい、整理が行きとどいた台所です。

▲朝食後、登校前にくつをはくレーナ・クラーラさん。台所は玄関のとなりにあるため、ここで座ってくつをはく。

10

住居と習慣②

▲IHクッキングヒーター。棚には朝食用のミュースリー（→p14）などが置いてある。

▲中心にあるのがシンク（流し台）。右にエスプレッソマシンとコーヒー豆をひくコーヒーミル、電気フライヤーがならぶ。

物干しは室内で

　ドイツでは景観を守るため、洗濯物は人の目にふれないようするのが一般的です。屋外の見えない場所に干すか、室内や乾燥機でかわかすかします。集合住宅の場合は専用の物干し場所が用意されていることもあります。この家では、収納部屋の中に干しています。
　暖房はセントラルヒーティング（温水暖房設備）がどの部屋にもそなえつけられています。風呂場やトイレにもあります。冷房はありません。部屋の気密性を高めるために、窓ガラスや窓そのものが二重になっています。寒い冬をあたたかくすごすための工夫です。

▲奥からシャワー、トイレ、洗濯機、洗面台がならぶ。

▲トイレと浴槽、洗面台。住居内にトイレとシャワーが2つある。

▲セントラルヒーティングで家じゅうがあたたかい。寒い季節はつけたままが基本。

▲二重ガラスで重い窓。下の大きい窓は換気のために上部が少し開く。天井に近い窓は開かない。

▲物干しスタンドに洗濯物を干す。高さが低いので、外からは見えない。

住居と習慣③

ゆたかな住居環境

1 くらしを楽しむ工夫

　ドイツでは、古い住居を時代やくらしにあわせて、改築や修繕をしてくらす文化があります。長い冬、休日、夕食後の時間を、より心地よくすごすため、住環境の整備が重要だと考えているためです。マティスさんの家も、古いデザインを残しながら改修し、壁の色の一部を部屋ごとに変えるなど、くらしを楽しんでいます。

　子どもたちはそれぞれに部屋があたえられています。子どもが生まれると子ども部屋を用意して、親と赤ちゃんはそれぞれ自分の部屋でねるのが一般的です。子どもたちは1人の自立した人間として育てられていきます。

▲ろうかにくつを置き、コートをかける。収納には大工道具や掃除用具がぎっしりつまっている。

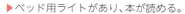

▼マティスさんの部屋の壁は明るい緑色。高い天井をいかしてロフトベッドを設置。下には収納棚を置き、部屋をむだなく利用している。
▶ベッド用ライトがあり、本が読める。

◀マティスさんの部屋にはサッカーの試合でもらったトロフィーなどの記念品が置いてある。

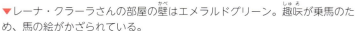

▼レーナ・クラーラさんの部屋の壁はエメラルドグリーン。趣味が乗馬のため、馬の絵がかざられている。

緑のあるくらし

　大都市のベルリンでも、住宅街では、通りに面したベランダにプランターを置いて、地域の景観を美しく、また通行人も緑や花を楽しめるようにしている家庭を多く見かけます。

　マティスさんの家でも、寒さに強い花をプランターで育てています。室内の日のあたる窓ぎわには大きな観葉植物やサボテンの鉢植えが置いてありました。冬が長く寒い土地でも、緑や花が身近にあります。

▲集合住宅の中庭にもたくさんの植木が置かれている。マティスさんの通学用の自転車もここにとめている。

▲ベランダで花を育てる。プランターにはイースター（復活祭）を祝うイースター・エッグが置かれている。リサイクル（→p41）するためのペットボトルの空き容器も保管されている。

▲日差しとセントラルヒーティングであたたかい窓ぎわに置かれた植物。冬は暗く長いため、緑は心のいやしになるそうだ。

マティスさんの1日（月曜日の場合）

　マティスさんは朝6時15分に起きます。着がえをして、7時に朝食をとります。7時30分に登校し、8時から午後1時50分まで授業を受けて帰宅します。学校のクラブがある日は午後3時30分まで活動します。

　サッカー同好会の日は午後5時から午後6時まで練習をします。午後7時に夕食をとり、午後10時にシャワーを浴びて就寝します。マティスさんの学校では宿題がありません。

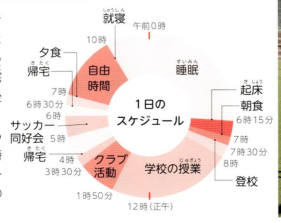
好きな科目は体育！

土地が育むパンと肉

食と習慣①

パンは約400種

　ドイツの主食はパンで約400種類あるといわれます。地域ごとに栽培される穀物の種類がことなるため、それぞれに特色があります。大型のもの、小型のもの、穀粒やナッツが入っているもの、黒い色や白い色のパンなどがあります。

　ドイツでは休日や特別な日をのぞいて、食事にあまり時間をかけません。朝はごくかんたんにして、昼を3食のうちでいちばんたくさん食べます。夜は「カルテスエッセン（冷たい食事の意味で火を使わないかんたんな料理）」とよばれ、パンとチーズやハムなどですませる家庭が多いのです。ドイツの朝は早く、また夕食後の夜をゆっくり自分の時間としてすごすためです。

▲パン店のショーケースにならぶパン。ヨーロッパでもっとも種類が多いといわれる。

▲子どもに人気のブレーツェル。南ドイツでよく食べられるパン。丸いものや三角のものもある。

▲パンにチーズやジャムをあわせて食べる。乳牛が多く飼育され、乳製品の生産量が多いドイツではチーズの種類も豊富だ。

マティスさんの家の食事

▲朝食はミュースリー（シリアルの一種）。モーリッツさんはヨーグルト。

▲▶この日の夕食はチリコンカン。夕食は家族がそろうよう、心がけている。

肉食の国

伝統的に牧畜がさかんなため、ドイツでは肉食が中心です。かつて農村では長い冬の前の12月ごろに家畜を肉にして食べ、ソーセージやハムに加工して長期保存していました。今でもそれぞれの地方にゆたかな肉食文化が受けつがれています。ジャガイモもパンと同様に主食のひとつで、国を代表する野菜です。

近年では健康や動物愛護、環境問題のために、肉食をやめたり、へらしたりする人がふえています。レストランなどではベジタリアン（菜食主義者）対応のメニューが用意されています。

▲食肉店にならぶたくさんのハムとソーセージ。

◀ハムやソーセージをはさんだパン。写真手前はブタの血が入ったソーセージ。家畜をむだなくすべて食べきる知恵だ。

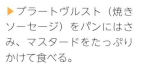
▶ブラートヴルスト（焼きソーセージ）をパンにはさみ、マスタードをたっぷりかけて食べる。

ブタのすね肉の料理シュヴァイネハクセ。そえてあるのは、すっぱいキャベツの発酵漬物ザウアークラウト。
ザウアークラウト

▲ひき肉を型に入れて焼いたソーセージの一種レバーケーゼ。ジャガイモはブラートカルトッフェル（ジャーマンポテト）。

▲肉をうすくのばしパン粉をつけて揚げたシュニッツェル。ジャガイモはポンメス（フライドポテト）。

▼ドイツを代表するファストフードであるカリーヴルスト（カレーソーセージ）。写真手前は本物の肉を使い、奥はベジタリアン用の代替肉を使っている。屋台で立ち食いするのが定番。

◀つぶしたジャガイモを団子のように丸めた料理クヌーデル。これはベジタリアン用にアレンジして、調理されている。

多様化する食文化

食と習慣②

移民文化の定着

1950年代以降、ドイツでは多くの外国人労働者を受けいれているため、食も多様化しています。トルコ料理のドネルケバブ（肉を回転させながら焼いた料理）もそのひとつです。特にケバブサンドイッチは手軽なファストフードとして市民に定着し、今や食生活には欠かせないメニューになりました。国の多民族化にともない、ヨーロッパ各地をはじめ世界じゅうの料理が広く浸透しています。

春を楽しむ食べ物

長い冬の終わりと春のおとずれをつげるのは野菜のシュパーゲル（白アスパラガス）で、市場や青果店にはずらりとならびます。シュパーゲルの収穫は6月24日の「聖ヨハネの日」までと決められているため、シーズン中には何度も食べるそうです。

この季節にはイチゴも売られはじめ、まちにはかわいいイチゴの形をした売店もあらわれます。ビニールハウスでの栽培が少ないため、この季節にたくさんのイチゴを買ってジャムにして保存する人もいます。

ケバブサンドイッチは、トルコのピタパンにドネルケバブと野菜をはさんだもの。

◀ピザとラザニア。ドイツは古くからイタリアからの移民も多いため、店も多い。

ベルリンの駅前に出店するイチゴの売店。

◀シュパーゲルの季節にはレストランでも季節限定のメニューが出る。緑のソースはフランクフルト名物のグリューナーゾーセで、春のハーブが使われている。

地方色ゆたかな
ケーキとビール

ケーキはパン同様に地方ごとの特色があり、また季節の果物を使ったものや、バウムクーヘンなどさまざまです。ドイツ人はあまいものが好きな人が多いといわれ、午後にはケーキなどを食べる「第4の食事」があるほどです。

ビールも1つのまちに1つのビールがあるとされ、かつては6000種以上ありました。市民から観光客まで、地域それぞれの特色ある味を楽しんでいます。

▲リンゴを使ったシュトロイゼルケーキ。リンゴは国内でもっとも食べられている果物。

▲日本でも人気のグミキャンディーは、もともとドイツで最初に発売された。写真はラッキーアイテムの形のグミ。

▲チョコレートは生産量と消費量ともに世界上位。

◀スパゲッティアイスは、ドイツで考案された定番のアイス。バニラアイスにイチゴのソースがかかっている。

▶ビールはワインとともに国を代表する伝統的な酒。ビールは16歳から飲める。アルコール度数が高い酒は18歳から。

ここに注目！ 食の安全「ビオ」

健康や環境にやさしい生活のために、農薬や化学肥料を使わない有機農法で育てられた安全な食料品「ビオ製品」をもとめる市民がふえています。「ビオ」は欧州連合（EU）で定められた食品生産の基準に合格した食料品です。こうしたビオ商品のみをあつかうスーパーもあります。環境・自然保護の運動がさかんなドイツらしい取りくみです。

▲有機農法の商品をあつかうスーパーマーケット。右上はビオと認定されたロゴが印刷された商品。

充実する交通網

まちとくらし①

戦争からの再建

　ドイツの都市は、教会を中心に、市壁がまちをとりかこむようにつくられました。多くは第2次世界大戦によって破壊されましたが、戦前のままに建物は再建され、木ぎが植えられました。こうして今でも中世のおもかげを残すまちを目にすることができるのです。

　全土で公共交通機関が非常に発達しているドイツでは、移動がとても便利です。鉄道、地下鉄、路面電車、バスがあるほか、道路も整備され、自動車は一部をのぞき制限速度のないアウトバーン（高速道路）を無料で走行できます。

　環境意識の高まりとともに、自転車の利用者がふえています。一部の列車車両には自転車をそのまま積みこめるため、通勤や通学をはじめ、長距離移動や旅行にも活用されています。都市部では自転車専用道路の整備も進んでいます。

▲南部バイエルン州アシャッフェンブルクのまちなみ。市壁の一部とそれぞれの時代の建物が共存している。

▲西部フランクフルトには高層ビルも多く建設されている。

首都ベルリン。中央のテレビ塔は東ベルリンのシンボルだった。

まちとくらし①

▲高速列車のICE。国境をこえて、ヨーロッパ各地に乗りいれている。

▲すべての駅には改札口がなく、駅や停留所、オンラインなどで切符を買ってそのまま乗車する。乗客は車内の刻印機に切符を入れ、日時を印字する。定期的に係員が切符の確認に車内をまわる。

▲まちなかを走る路面電車。渋滞がなく、近距離の移動に便利。

▶古い建築物が多く、駅のバリアフリー化がおくれている。そのため自転車は軽くて運びやすいスポーツタイプが人気。

▲自転車をそのまま乗せられる列車の車両。

▼ポールで仕切られた自転車専用道路。

▲多くの公共交通にはペットを連れて、そのまま乗車することができる。

▶子どもを乗せて走るのも自転車専用道路なら安心だ。

秩序あるくらしとルール

まちとくらし②

西部ヘッセン州フランクフルトにあるマルクトハレ市場の食肉店。

伝統的な専門店がそろう

　マイスター制度（→p36）があるドイツでは、伝統的に専門の技術や知識をもつ職人による食肉店やパン店などがまちにそろっています。近年では、便利なスーパーマーケットや、ビオ（→p17）の専門店などもでき、消費者が予算や目的、ライフスタイルにあわせて店を選べるようになりました。

　労働者を守るため、店の営業時間は法律によって規制されています。飲食店や一部の例外をのぞき、日曜日と祝日、平日の午後8時から翌朝6時までの営業は基本的に禁止されています。薬局など緊急性の高い店は、地域の交代制で夜間や休日の営業をします。

▲駅前や広場などでは市場が開かれ、地元の新鮮な野菜や卵などをもとめて人が集まる。

▼ドイツを代表する専門店がならぶ通り。多くの人でにぎわう。

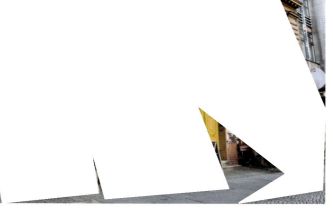
▲キオスクは日本のコンビニエンスストアのような品ぞろえの店。駅の中やまちなかにいくつもある。

▲週末に開催される「蚤の市」。古道具や古本、古着、食器などさまざまなものが売られている。市民の週末の楽しみのひとつ。

細かなくらしのルール

電話番号「112」で警察や消防、救急車をよぶことができます。これは欧州連合（EU）で共通の緊急通報番号です。多くの消防車や救急車には、各州のシンボル（州章）がつけられています。道路では、毎日ごみの回収や清掃がおこなわれ、まちはきれいにたもたれています。

法律で「ルーエツァイト」とよばれる、静かにすごす時間が定められています。州や地区、住居によってことなりますが、日曜日や深夜早朝に大きな音をたてる行動（例：シャワー、掃除機の利用）が禁止されています。公園にも静かにする時間の案内があります。

▶西部ノルトライン＝ヴェストファーレン州ケルンの消防車。

◀西部ヘッセン州フランクフルトの警察車輌。

▶東部ザクセン州ドレスデンの救急車。

▲車道を掃除する路面清掃車。

▲ごみ収集車。ごみ箱から直接収集する。

◀公園の入り口にある看板。18歳までの未成年に向け、「午後8時から午前7時のルーエツァイトを守ってください」と記されている。

▶ごみ箱には、犬のフンを拾って捨てるためのオレンジ色のふくろが用意されている。まちをきれいにするための工夫だ。

基礎学校で決める進路

学校生活①

児童数約370名のアンネ・フランク基礎学校。ベルリンでは小規模の学校だ。ドイツでは学校の名前に歴史上の人名を使用することがよくある。

3つの中等教育

ドイツでは州によって教育制度がことなり、一般的に4年間の初等教育（基礎学校）を終えると、中等教育に進みます。学校は、おもにハウプトシューレ、レアルシューレ、ギムナジウムの3種類で、子どもや家庭が、将来つく職業の希望と、学校の成績によって選びます。近年では1つの学校で、初等教育から中等教育を修了でき、なかには大学入学資格の取得まで学べるゲマインシャフトシューレもふえています。ギムナジウムへの進学希望者が多いため、入学者をくじで選ぶ学校もあります。

ベルリン州では6年生まで基礎学校に通います。マティスさん（→p8）の通う、公立のアンネ・フランク基礎学校の授業料は無料です。

▲マティスさん（左端）とクラスメイトたち。制服はなく服装は自由だが、政治的なもの、ナチ（→p47）にかかわるもの、反ユダヤ主義の表現があるものは禁止されている。

▲ 学校名の由来でもあるアンネ・フランクの資料が校内に展示されている。ナチの犠牲になったアンネは書籍『アンネの日記』で知られる。

▲ マティスさんとカスパーさん（右）。2人はいっしょに自転車で通学している。ドイツの朝は早く、8時から授業が始まる。

▲ 校庭には子どもたちが管理している農園がある。

▲ 校舎の屋上の一部は緑化され、太陽光パネルが設置されている。

	ドイツの学校制度	年齢のめやす
就学前教育	幼稚園	3歳から6歳まで
初等教育	基礎学校（グルントシューレ）	6歳から10歳または12歳まで
中等教育 ❶〜❺の学校から選択し、進学する	❶ハウプトシューレ（基幹学校） 卒業後に就職し、職業訓練を受ける生徒の学校。将来、職人や販売員などになる。	10歳または12歳から15歳まで
	❷レアルシューレ（実科学校） 卒業後に職業教育学校や高等専門学校、上級専門学校などに進む生徒の学校。	10歳または12歳から16歳まで
	❸ギムナジウム 大学進学希望者が進む学校。卒業試験に合格すると大学入学資格を得る。	10歳または12歳から18歳または19歳まで
	❹ゲザムトシューレ（総合制学校） 上記3つの学校を統合した学校。	10歳または12歳から19歳まで
	❺ゲマインシャフトシューレ（共同学校） 基礎学校と❶〜❸の学校が統合している。	6歳から18歳または19歳まで
後期中等教育	職業教育学校（職業学校、職業専門学校、上級専門学校、専門ギムナジウム）など ハウプトシューレやレアルシューレの卒業生が進む学校。さまざまな学校がある。	15歳または16歳から19歳まで
高等教育	大学や高等専門学校	18歳または19歳から

たくさんある学校行事

▲マティスさんの所属する5年C組の授業。1クラスは24人で、科目によって先生が交代する。校内ではくつははきかえず、そのまますごす。

大事な成績表

　ドイツの学校は2学期制です。8月初旬から9月初旬に新学期が始まります。1学期には10月の秋休みと、12月23日からのクリスマス休暇が約2週間ずつあります。1月上旬から授業が再開し、ベルリンでは2月上旬に冬休みになります。

　2月中旬から2学期が始まります。3月下旬から約2週間のイースター休暇があります。6月中旬から7月下旬にかけて州ごとにずらして約6週間の夏休みになり、2学期が終了します。1学期と2学期の終了時に成績表が配られ、結果は中等教育の進学に影響します。

　長期休暇の期間には宿題がなく、ふだんの授業でも宿題のない学校もあります。

　アンネ・フランク基礎学校では1年を通じて、たくさんの行事があります。朗読コンクールやサッカー大会を開催する日もあります。冬季にはスキーや修学旅行に出かけ、2月の伝統行事「ファッシング」では仮装して登校します。

　学校では、1年生からアンネ・フランク（→p23）について勉強をします。5、6年生になると書籍『アンネの日記』の一部を読み、戦争の記憶を引きつぎ、平和を考える授業をします。

学校生活②

▲先生は電子黒板とホワイトボードで授業をおこなう。窓ぎわにセントラルヒーターが設置されているが、冷房設備はない。地域によってことなるが、朝10時の日陰の気温が25℃をこえると、昼から休校になる学校もある。

▲授業は紙のノートとタブレットパソコンを使う。学校ではWi-Fiの整備など、教育のデジタル化が進められている。

▲校庭にあるトラック。スポーツに力を入れているこの学校では1年と3年時に体育のテストをおこない、優秀な子どもは特別に体育の授業をふやしている。

5年C組の時間割	月	火	水	木	金
①8時00分〜8時45分	理科	ドイツ語	ドイツ語	ドイツ語	体育
休憩10分					
②8時55分〜9時40分	理科	ドイツ語	算数	音楽	体育
休憩20分					
③10時00分〜10時45分	算数	算数	算数	体育	英語
休憩5分					
④10時50分〜11時35分	ドイツ語	英語	音楽	算数	社会
昼休み					
⑤12時15分〜1時00分	英語	理科	英語	情報	図工
休憩5分					
⑥1時05分〜1時50分	社会	理科	社会	英語	図工
休憩5分					
⑦1時55分〜2時40分		クラス議会			
⑧2時40分〜3時25分		宗教			

(2024年)

インタビュー

校長先生から日本のみなさんへ

こんにちは。アンネ・フランク基礎学校へようこそ。校長をしているハイケ・イログエです。わたしの学校には体育が好きな子どもたちがたくさんいるんですよ。みなさんも、人生でずっと学習することのよろこびをわすれないでくださいね。

動画が見られる！

体験から学ぶ子どもたち

学校生活③

対話する授業も

　アンネ・フランク基礎学校ではクラス議会が3年生から毎週1時間あり、クラスや学校の問題を全員で話しあいます。先生は教えるのではなくサポート役になり、子ども同士で解決や改善の道を見つけます。こうして、対話し、さまざまな意見を受けいれることを学びます。

　コンピューター室や英語の教室、図書室などがあり、授業内容におうじて移動します。

　給食は、メンザとよばれる学生食堂で、学年ごとに交代して食べます。校内で調理された2種類の献立が日がわりで用意され、1つはベジタリアンに対応したものです。子どもたちは各自で好きなものを選んで食べます。この学校では、食事の前後に、特別なあいさつはありません。ベルリンの公立学校の給食は無料です。

▲学校内のメンザ。好きな席で給食を食べる。

▶この日の給食は、Aメニューがボロネーゼソースのパスタ。Bメニューはベジタリアン対応で、カリフラワーとチーズのコロッケと、ジャガイモとニンジンをつぶしたもの。

▲理科室。台所があるため、料理クラブでも使われる。

▼大きなソファがある図書室。日本の漫画も収蔵されている。

▼英語の教室。机は対面で置かれている教室が多い。

▲休み時間に校庭のフットサル場で遊ぶ子どもたち。フットサル場は人気のため、クラスによる交代制だ。

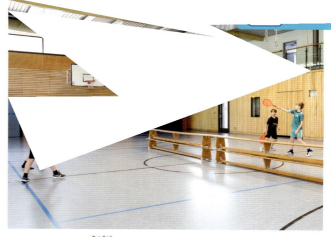
▲マティスさんは卓球クラブに参加している。学校が早く終わるため、クラブ活動には学童保育としての役割もある。

放課後の活動

　授業後は、希望制のクラブ活動の時間があります。曜日ごとに音楽やチェス、プログラミングなどがあり、学校の先生が指導します。先生の得意なことや、子どもたちの要望で内容が決まりおこなわれます。

　ドイツでは受験用の学習塾はなく、音楽や運動の習い事がさかんです。また、日本のような学校が指導する部活動はなく、日常的に体を動かす機会が少ないため、スポーツ同好会も人気があります。マティスさんも自宅近くのサッカー同好会に所属し、週2回練習に通っています。週末には試合もあるそうです。プロの選手やオリンピックの選手はこうした同好会からも選ばれています。幼児から大人まで多くの人が参加しています。

▼所属するサッカー同好会「SC Union 06 Berlin」で練習をするマティスさん。一般的に同好会の月謝は安く、活動はボランティアによってささえられている。

ここに注目！

入学式の必需品！？

　基礎学校の入学式には、大きなクラッカーのような円すい形の筒「シュールトゥーテ」を持って登校します。入学を祝って筒の中に菓子や文房具、本などを入れて、家族が子どもにおくります。子どもは校内では開けずにそのまま持ち帰ります。

　これは古い習慣で、子どもの緊張をやわらげるために始まったともいわれます。

▲書店で売られるシュールトゥーテ。長さは70cm前後で、紙や布で手づくりする家庭もある。

現代の遊びと自然の遊び

子どもの遊び

公園は交流の場

　大きなものから小さなものまで、ドイツのまちには公園が整備されています。学校や幼稚園の終わる時間になると、子どもたちが集まり遊んでいます。ブランコなどの遊具のほか、サッカー場やバスケットゴールもあります。親や祖父母、シッター（子守）が同行し、子どもたちだけで遊びにくることはあまりありません。大きな公園には、飲料や軽食の屋台もあり、保護者同士の交流の場にもなっています。

　多くの子どもたちが、タブレットパソコンやスマートフォンを使ってゲームやSNS、動画鑑賞を楽しんでいます。一部では、持ちこみを禁止している学校もあります。

▲スマートフォンを見る姉のレーナ・クラーラさんとマティスさん。マティスさんもスマートフォンやタブレットパソコン、ゲーム機を持っている。ゲームをする時間は家族との約束で、金・土・日曜日に各30分の使用と決めている。

整備された広い公園で遊ぶ子どもたち。木でつくられた遊具が多い。

子どもの遊び

▲住宅街の広場で遊ぶ子どもたち。保護者が見まもる。

▲週末に開かれた市場には移動遊園地がきていた。

◀▼都市部の子どもたちが、自然の中で自由に創造し遊べる「冒険遊び場」。広い遊び場で家を建てたり、農作業をしたりと経験を通じた教育活動をおこなう。季節ごとの体験プログラムも用意されている。

▲公園にはたくさんの木が植えられている。子どもたちは遊具がなくても自然と遊ぶ。

▲公園内の卓球台。卓球は身近なスポーツのひとつで公園の定番。

▼ドイツのじゃんけんは日本とルールや手の形が同じ。かけ声は「シュニック・シュナック・シュヌック」で、言葉そのものの意味はない。

29

自分の時間を楽しむ

サッカー大国ドイツ

　サッカー同好会（クラブ）のない地域はないといわれるほど、ドイツではくらしにサッカーが根づいています。サッカーの登録競技人口は世界でも有数で約770万人（2024年時点）とされ、日本の約9倍です。

　国内のプロリーグである「ブンデスリーガ」は、国際的にも強いリーグのひとつで、世界じゅうから選手が集まっています。1部と2部で36チーム、女子リーグもあり、日本人選手も多く活躍しています。観客動員数も世界有数で、まさに国を代表するスポーツなのです。サッカードイツ代表は、FIFAワールドカップで4回優勝（西ドイツもふくむ）しています。

　歩道や自転車専用道路、公園が整備されているため、気軽にスポーツを始められる環境が身近にあります。仕事や学校の前後や週末には、個人や家族、なかまとスポーツを楽しみます。

▲ブンデスリーガのプロサッカークラブ「FCケルン」のホームゲーム。スタジアムにぎっしり集まったサポーターがチームに大きな声援をおくる。

▲公園や歩道が広く整備されているため、マラソンやウォーキングを日常的に楽しむ人も多い。

▲クナイペ（居酒屋）でサッカーの試合を観戦するサポーター。飲み物を手に店内のテレビを見ながら、みんなで応援する。ユニフォームを着て来店している客もいる（中央）。地元チームのプレーに歓声や悲鳴があがり、店全体が盛りあがる。

▼伝統的にボードゲームの人気があり、子どもから大人までが楽しむ。写真の書店の棚はすべてボードゲーム。

国全体でしっかり休む

　ドイツの人びとは、長期休暇や週末、仕事が終わったあとの時間を大切にしています。夏の休暇は、子どものいる家庭は学校の都合にあわせて休暇をとれるように配慮されています。クリスマス休暇には商店や同好会、ブンデスリーガの試合も休みになり、国全体で休暇をとります。

　休暇のすごし方は、期間や季節によってさまざまですが、国内には多くの森林や公園が整備されているため、郊外のゆたかな自然の中で時間をすごすことが好まれます。全世代でさかんな同好会は、スポーツをはじめ、さまざまな活動を通じて人と人が出会い、交流し、成長する場になっています。

▲緑がたくさんある公園。読書や日光浴、散歩など、楽しみ方は人それぞれ。ゆっくりと週末をすごす。

▲乗馬は特に女性に人気がある。かつては農作業に馬を使うなど、馬と人間のかかわりは古い。馬術競技もさかんで、オリンピックではメダルをたくさん獲得している。

▲山歩きやサイクリングも人気。マウンテンバイクで山を走る。

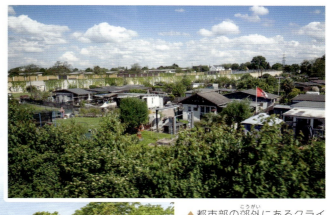
▲都市部の郊外にあるクラインガルテン（市民農園）。

◀クラインガルテンはクラインガルテン協会が管理する土地の一画に市民が土地を借り、小屋を建て、野菜や果物、花を育てる小さな貸し農園。現在では、都市部での緑地保全や地球温暖化対策にも役立っている。

31

行事と冠婚葬祭① 季節を祝う伝統行事

木を立てる祭り

マイバウム（メイポール）は、春をむかえるよろこびと、生き物のゆたかな成長を祝う祭りです。春の象徴である大きなシラカンバ（シラカバ）の木を、地域の中心地に立てるのが特徴です。もともとは、農作業の季節の区切りを祝うものでした。地域によってやり方はことなるものの、今でも各地で続いている伝統行事です。

南部バイエルン州では16世紀ごろから続くとされ、アイヒェンベルク村では毎年4月30日におこなわれています。この年も祭りの準備や運営をになう村の消防団の青年たちが、色とりどりの紙テープをつけたシラカンバの木を運んで立てました。大きな拍手のあと、ブラスバンドの演奏が始まり集まった人びとは音楽や料理を楽しみます。こうして地域の交流や団結を深め、伝統文化を引きついでいるのです。

西部のラインラント地方では、4月30日から5月1日にかけて、男性が愛する人の家の前や窓の下にマイバウムを立てて、思いを伝える風習があります。

▲シラカンバを運ぶ消防団員たち。地域の森から切りだしたシラカンバの枝は整えてある。かつては4月30日にブロッケン山で魔女と悪魔の集会があるとされ、シラカンバを立てることで悪魔をはらい、清めるという意味もあった。

▼午後7時、シラカンバの木を立てる。機械は使わずに、人の力だけであげるため、なかなか立ちあがらない。木が立った瞬間には大きな拍手がおこった。

▲無事に立ったマイバウム。地域のどこからでも見えるよう、高い木を選ぶが、教会の塔より高くてはいけないことになっている。ほかの地域からマイバウムをぬすまれないように、見はりを立てたり、マイバウムの周囲で踊る地域もある。

◀▲食事をみんなで楽しむ。料理はこの地方の名物の固まっていないチーズで、パンにぬって食べる。売りあげは消防団の活動費になる。

▲地域のブラスバンド。祭りに音楽は欠かせない。

クリスマスのすごし方

クリスマスはキリストの誕生を祝う日です。12月25日の4週間前の日曜日から、アドヴェントとよばれるクリスマスの準備期間に入ります。各都市の広場ではクリスマスマーケットが始まり、クリスマス用のかざりや食料品を販売する屋台がならびます。

家ではモミの木をかざり、木の下にプレゼントを置きます。24日は商店も早い時間に閉店し、家族や友人同士でゆっくりすごし、夕食後にプレゼントを開けます。教会へ出かける家庭もあります。

▼中部テューリンゲン州エアフルトの伝統的なクリスマスマーケット。

▲西部ケルンで見たマイバウム。シラカンバの木にかざりや、愛する人の名前を書いた紙をはっている。2024年はうるう年だったため、男性ではなく、女性からマイバウムがおくられた。

▲ベランダに置かれたマイバウム。

▶24の扉を1日1つずつ開けていき、クリスマス当日を待つアドヴェントカレンダー。さまざまな種類が売られている。

▼クリスマスの伝統菓子。シュトレン（右）はアドヴェントの期間に食べる。レープクーヘン（左）は星形や長方形、丸形の焼き菓子。

33

行事と冠婚葬祭②

結婚式は役所で

婚姻の手続きを終えた2人を、集まった参列者がシャボン玉と拍手で祝福する。

公共の広場でお祝い

　結婚式は市役所の戸籍局（家族の名や関係などを記した台帳を管理する公的機関）でおこなわれます。戸籍局内で、結婚する2人と親しい関係者が、戸籍局の証人立ちあいのもとに婚姻の手続きと指輪の交換などをします。式の参列者は戸籍局の外に集まり、手続きを終えて屋外に出てきた2人を出むかえ、祝福します。

　戸籍局前は公共の広場ですが、写真撮影や簡単なパーティーをする人たちもいて、とてもにぎやかです。土曜日のこの日は、1時間で4組ほどが次つぎと結婚式をおこなっていました。その後、レストランなどで改めてパーティーをしたり、教会で式をあげる人もいます。

◀この日結婚式をあげた、フィリップさん（右）とシャルロッテさん（左）。

▲戸籍局の前で結婚の手続きが終わるのを待つ参列者たち。

▲戸籍局前の広場で酒やジュースを準備して、簡単なパーティーをおこなう。参列者の服装に特別な決まりはなく、スーツやワンピースなどさまざまだ。

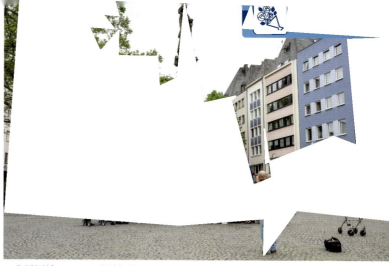
▲戸籍局前の広場で記念撮影。

緑がいっぱいの墓地

キリスト教徒が人口の約半分のドイツでは、葬式は教会か墓地の礼拝堂でおこない、遺体は土葬されるのが一般的です。墓地や墓の周囲には花や植物が植えられ、きれいに管理されています。墓地は緑が多く静かなため、散歩に出かける人も多いのだそうです。

たくさんの戦争を経験しているドイツでは、大きな墓地には戦争によってなくなった人たちへの追悼碑や集団の墓があります。これらは法律によって管理され、永久に守られることが定められています。

▲西部フランクフルトの墓地。

▶第1次世界大戦で犠牲になった人びとの墓。多くは兵士だが、市民の墓もある。

 ### ディアンドル

ドイツの女性用民族衣装として知られるのは、ドイツ南部やオーストリアの「ディアンドル」です。胸元が開いたブラウスに、ぴったりした胴衣、スカート、その上からエプロンを着用します。エプロンのリボンの位置で、結婚しているかなどが分かります。地域によってデザインはことなり、現代風にアレンジされたものもあります。

▲民族衣装をあつかう店。

くらしの多様性①

技術をつなぐ伝統職

煙突掃除も国家資格

　マイスター制度は、学校や親方のもとで修業をして、国家資格「ゲゼレ（職人）」とさらに上級の「マイスター（親方）」の取得をめざす制度です。技術を伝え、人を育てることで、ドイツのものづくり文化をささえています。マイスターを取得できる職業は現在53あり、そのひとつが煙突掃除です。中世から続く伝統的な仕事で、今は女性の煙突掃除人もいます。

　ドイツでは、家屋の火災や一酸化炭素中毒を予防するため、定期的な煙突やガスの点検が義務化されています。煙突掃除人は割りあてられた地域の各家を点検して清掃します。今では煙突からのけむりをきれいにする装置や、エネルギー効率のよい暖房器具、住居の断熱設計の相談にもおうじます。家庭のエネルギー消費量は環境問題に直接影響するため、煙突掃除は現代社会においてもなお重要な職業なのです。

煙突掃除人のパウルさん。手にしたブラシつきのワイヤーで煙突の掃除をおこなう。

◀パウルさんたちは伝統を大切にし、仕事にほこりをもっているため、100年前と変わらない道具と制服で働いている。子どもたちからは魔法使いとまちがえられることもあるそうだ。

▶最先端のファイバースコープなども積む仕事用の車。

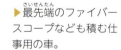

▶かつて煙突は木製でもえやすかったため、火事を防ぐ煙突掃除人は幸運の象徴とされた。写真左：煙突掃除人を見たり、制服のボタンをさわると幸運がおとずれるという。写真右：煙突掃除人、四つ葉のクローバー、テントウムシなどがラッキーアイテムとされる。

300年以上続く磁器

国立MEISSEN磁器製作所は、日本でも知られる、ヨーロッパで最初の磁器ブランドです。1710年に東部ザクセン州マイセンで生まれ、現在も製造が続いています。マイセン磁器特有の白さとかたさは、会社近くの鉱山でとれるカオリン（粘土の一種）によるものです。

製作技術は、1764年から続く養成学校や製作所でみがかれ、伝統と技術を守っています。特に絵つけの技術はドイツ国内の無形文化遺産に指定されています。

マイセン磁器の花びん

▶ブルーオニオンとよばれるマイセンのタマネギ柄は、象徴的なデザイン。日本の有田焼にも影響を受けているため、マイセン市と佐賀県有田町は姉妹都市として交流がある。

ろくろ成形
▲花びんやつぼの形を、ろくろでつくる。

貼花装飾
▲小さな花などを型でつくり、本体にはりつけて模様にする。

下絵つけ
▲素焼きした磁器に文様を手がきする。

上絵つけ
▲釉薬をかけ高温で焼かれた磁器に絵をかく。

ここに注目！ 伝統を受けつぐ放浪の旅職人

21歳のフリードリッヒさんは、ドイツやスイスをまわりながら、屋根修理の修業をする旅職人です。かつて「ゲゼレ」（→p36）の取得後にマイスター試験を受けるには、「ヴァルツ」とよばれる修業の旅に出る義務がありました。今でも大工職人を中心にヴァルツの伝統を守る人たちがいます。旅の期間は3年と1日以上で、労働と引きかえに住まいと食事の提供を受けます。道ばたで制服を見て、仕事の声がかかることもあるそうです。旅のあいだは故郷に戻ったり、移動や宿泊にお金を使うことは禁止されています。日本へ修業に来ている人たちもいるそうです。この伝統はユネスコの無形文化遺産に登録されました。

▶▶大工の制服。木製のつえに、荷物と道具を入れた包みを持つ。

くらしの多様性②

多様性の国へ

伝統を残す小さな集落

　アイヒェンベルク村はバイエルン州の北西にある約400人がくらす伝統行事やカトリックの信仰が残る小さな集落です（→p32）。村にくらすマティアスさんは、ほかの地域で教師として働きながら農業を楽しんでいます。同じように兼業で農業や牧畜を営む家が多いそうです。

　村には、ゆたかな自然が身近にあり、幼稚園やスクールバスもあることから、子育てがしやすい環境です。テレワークが広まり、土地や家賃の安さから村への移住は注目されています。

　都会にはない地域の助けあいが、この集落には息づいています。かつてあった農業や牧畜が生活の一部にあり、自然と人と集落が共生する文化は、地域の魅力になっています。

▲マティアスさんの菜園と集落。

▲森の幼稚園。自然の中で教育をおこなう。

▲昼はいちばんのごちそう。おしゃべりを楽しみながら味わう。

▶菜園でとれたジャガイモが主食だ。丸ごとゆでてあるので、そのままか、小さなナイフで皮をむいて食べる。

▲野菜の皮などは捨てずに、となりの家で飼われている牛のえさにする。

▼まきストーブとまき置き場。この地域は冬に雪が積もる。

◀マティアスさん（左）とピアさん（右）。

◀玄関ドアの「20*C+M+B+24」は、新約聖書の「東方の三賢者」にちなんだ祝日（毎年1月6日）に、カトリック教会の子どもたちが家いえをおとずれて歌をうたって祝福し、チョークで書いたもの。

移民国家として

ドイツは、国内で4人に1人が「移民の背景をもつ人びと」の移民国家です（2017年）。労働力の不足をおぎなうため、積極的に移民を受けいれてきました。トルコやポーランドからの移民が多く、近年では、ウクライナやシリアなど国際紛争からのがれてきた人たちもふえています。さまざまな地域から集まった人たちが、ドイツを新しい多様性のある国にしています。

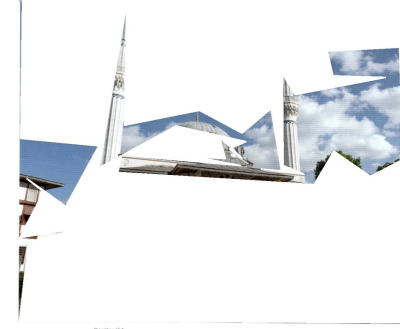
▲イスラム教の礼拝堂（モスク）。国内には400万人以上のイスラム教徒がくらすといわれる。

▲結婚式をあげる2人。ドイツではこれまで6万組以上（2021年）の同性婚が成立している。

▲レインボーファミリーセンターでは、相談のほかイベントも開催。近年ではレインボーファミリーの絵本が出版されている（左上）。

◀ジェニーさんは自らLGBTI*の当事者として、子育てのむずかしさを実感している。それでも多くのレインボーファミリーは家族のあり方をオープンにしており、それが自然なものとして受けいれられるようになってきているという。

自由な家族の形

2017年に同性カップルの結婚が法的にみとめられ、養子縁組や社会保障など男女の結婚と同じ権利をもてるようになりました。

レインボーファミリーは、カップルの少なくとも1人がLGBTI*を認識する家族のことです。ベルリンのレインボーファミリーセンターは、子どもを希望するLGBTI*のカップルを支援する団体です。養子縁組や里親、医療、出産、法律などにかんする相談に、専門の知識をもつスタッフが無料でアドバイスをしています。また、州や国に対してよりよい法律への改正を求めたり、教育者に向けて学校でのジェンダーに配慮した教育方法の提言をしたりしています。

センターで相談員をしているジェニーさんは、性の多様性はもちろんのこと、家族のあり方ももっと自由に選べる社会になることも多様な社会において必要なことだと言います。個人が自分らしく生きられる社会を実現するため、人権を守るための活動が続いています。

LGBTI：レズビアン、ゲイ、バイセクシュアル、トランスジェンダー、インターセックス、これらにふくまれないさまざまな性の略。

環境先進国の取りくみ

ドイツでは風力発電の風車をよく見かける。騒音や建設にともなう環境破壊、鳥の被害なども指摘され、今は洋上風力発電の建設が進む。

■ 持続可能な社会へ

　ドイツでは原子力発電にたよらないエネルギー政策が宣言され、風力や太陽光など自然の力を利用した再生可能エネルギーへの切りかえが進みます。家庭での太陽光パネルの設置に補助金が出る州もあることから広まりをみせています。また、家庭で発電した電力は消費するだけでなく、あまった分を電力会社が買いとります。
　地球規模の気候変動に対応するため、二酸化炭素を中心とした温室効果ガスの削減にも国をあげて取りくんでいます。石炭やプラスチックの使用量をへらす、環境にやさしい農業の実践、カーシェアリング、電気自動車への乗りかえなど、取りくみはさまざまです。

　プラスチックごみのリサイクル率は約70％と高く、資源の有効活用が進んでいます。また、「ごみを出さない」ことをめざし、資源ごみの回収や、生ごみを土にまぜて発酵させて肥料として再利用しています。かぎられた資源や環境を守りながら発展する、持続可能な社会をめざしています。

▼多くの一般住宅の屋根にも太陽光パネルが設置されている。

SDGsとくらし①

▲スーパーでは商品のプラスチック包装をなくす取りくみが進む。写真の客は手にした野菜を紙袋に入れている。プラスチックのレジ袋は禁止され、マイバッグを持参するか何度も使える袋や紙袋を購入する。プラスチックごみをへらすことで、資源を守り温室効果ガスの排出をおさえる。個人がおこなえる環境問題対策のひとつだ。

▲飲み物のびんやペットボトルの容器は、リサイクルの対象だ。商品購入時に保証金（デポジット）も支払う。空き容器をスーパーなどに設置された回収機に返すと保証金分が支払われる。容器の返却率をあげるための制度。左上：ペットボトルのラベルにあるリサイクルマーク。

シェアする社会

　フードシェアリングは、まだ食べられるのに捨てられてしまう食品を、必要とする人に届けるしくみです。資源をむだにせず、人びとが経済的・社会的にもゆたかな生活をおくるための取りくみのひとつです。

　近年、自動車を共同で使用するカーシェアリングも全土で広まっています。必要なときだけ利用することで費用の節約になると同時に、まちなかの車の数や渋滞をへらしたり、排気ガスによる二酸化炭素の排出をおさえたりする効果もあります。

　さまざまなシェアリング（分けあい）は、だれもが気軽にできる社会に役立つ行動として市民に定着しています。

▶まちなかには公共の本棚がある。読み終わった本やいらない本を本棚の中に入れて、必要な人は無料で持ち帰ることができる。ブックシェアリングとよばれている。

▲フェアタイラーは設置された冷蔵庫や棚にだれでも食品を持ちこみ、無料で持ち帰ることができる場所だ。在庫の情報はインターネットで共有され、利用者同士で場所の管理をする。ドイツ全土に広がる、フードシェアリングの取りくみのひとつだ。

▼とめられているバイク、自転車、電動キックスケーター。これらはすべて、スマートフォンのアプリで管理され、シェアされている。

▼充電中のカーシェアリング用電気自動車。普通車から大型車まで目的におうじて車が選べるのもカーシェアリングの魅力。カーシェアリングは短時間の利用が多く、電気自動車が向いているという。

平和な社会に向けて

過去への反省とともに

　第2次世界大戦中、ナチ政権（→p47）によるユダヤ人大虐殺（ホロコースト）によって約600万人が犠牲になりました。ドイツでは、過去の戦争犯罪と積極的に向きあい、次世代に記憶を継承することに尽力しています。学校の教科書でもくわしく紹介され、子どもたちは自国の歴史をしっかり学びます。

　全土に戦争の犠牲者への追悼碑があり、各地の強制収容所跡は追悼博物館として公開され、国内外から多くの見学者がおとずれます。また、戦争犯罪にかかわった人物に対する時効は廃止され、現在も裁判は続いています。

　過去への反省をもとに民主的で人権を尊重する国づくりが徹底されています。移民の背景をもつ人びとが増加するなか、民族や人種によって差別的な言動をすることは犯罪としてきびしく処罰されます。過去をふりかえることが平和な未来をつくるのです。

▲「ヨーロッパの殺害されたユダヤ人のための記念碑」は、ベルリンの中心部に設置されている。

▲ベルリンの大きな公園内にある、ナチの犠牲になったヨーロッパの少数民族シンティ・ロマの人びとを追悼する記念碑。

▲ナチは同性愛者も迫害し、強制収容した。追悼する記念碑がベルリンにある。

◀ブランデンブルク州オラーニエンブルクにある、ユダヤ人らが強制収容されたザクセンハウゼン強制収容所跡地は追悼博物館になっている。「ARBEIT MACHT FREI（働けば自由になる）」という標語がかかげられた門。現在のものは戦後につくられた。

SDGsとくらし②

◀正方形の金属「つまずきの石」にはナチによって殺害された犠牲者の名前や誕生年、死亡年、最後の場所がきざまれている。うめられている場所は、かつて犠牲者が住んでいた住居の前で、1人の芸術家が始めた活動だ。ユダヤ人だけでなく、シンティ・ロマや障がい者などすべての犠牲者が対象で、国外にも設置されている。犠牲者の名前を足でふむことへの反対意見もあり、一部の地域では設置を見あわせている。

▲キディカルマスがよびかけた自転車デモに参加した子どもたち。多くの参加者が集まり、まちを走りぬけた。

市民が変える世界

　ドイツは、市民の社会参加がさかんな国です。人口の約40％がボランティア活動をおこなっているとされ、積極的な活動や政治参加によって社会がよりよい方向へ進むと考えられています。過去にナチ政権の独裁をとめられなかった反省も、市民活動の原動力になっています。

　キディカルマスは、子どもが徒歩や自転車で安全に移動できる社会を実現するための運動です。この日は自転車デモを通じて、子どもたちが安全な道路やまちづくりをうったえました。

　フライデーズ・フォー・フューチャー運動は気候変動対策を政府や企業に求める、生徒や学生が中心の世界的な活動です。現在、その活動の範囲は広がり、政治に無関心な若い人たちに対し選挙への投票をよびかける活動もおこなっています。運動に参加するチャーリーさんは、ことなる考えをもつ相手とも対話し、たがいに歩みより、理解しあえる社会を政治的に守り発展させることが重要だと話します。対話の力で世界の危機を解決する、戦争を経験したドイツから発信する強いメッセージです。

▲フライデーズ・フォー・フューチャー運動のよびかけに集まった人びと。
©Fridays for Future / Lukas Stratmann

▼チャーリーさんは15歳で最年少のメンバーだ。選挙によってよりよい政党を選ぶことが気候変動対策にもつながるという。

43

日本との関係

文化で深まる日本とドイツ

人気の「リトル東京」

　ルール工業地域のある西部ノルトライン＝ヴェストファーレン州には、多くの工業都市があります。その中でもデュッセルドルフは、たくさんの海外企業が進出している大きなまちです。日本企業も387社（2023年10月時点）が進出し、市内には6000人以上の日本人がくらします。今では欧州最大の日本人コミュニティが形成され、日本人学校もあります。

　デュッセルドルフ中央駅の近く、インマーマン通りは「リトル東京」として知られ、日本食レストランやスーパーマーケット、書店などがならびます。ここでは日本語だけで生活ができる、と言われるほどです。国内外から日本文化に関心をもつ人たちが集まります。

　毎年6月ごろにはデュッセルドルフ市内で、「日本デー」（文化・市民交流祭）が欧州最大規模で開催され、日本文化が紹介されます。2024年は約63万人の参加者がありました。

▼リトル東京の観光案内板。日本食を提供するレストランが紹介されている。

▲インマーマン通り。道路標識も2か国語だ。

▲多くの来場者でにぎわう「日本デー」（文化・市民交流祭）。

©Visit Düsseldorf

日本との関係

定着する日本文化

　寿司はドイツでも、スーパーマーケットや駅の売店などで気軽に買える食品になりました。欧米人向けに食材はアレンジされていますが、「SUSHI」という言葉は定着しています。

　日本の漫画も、ドイツに定着した文化です。書店には漫画コーナーが設けられ、ドイツ語に翻訳された漫画本がならびます。アニメはインターネット配信の広まりによって、手軽に楽しめるようになりました。

　漫画やアニメをきっかけに、日本語を習いはじめる子どももいます。一部のギムナジウムでは、授業やクラブ活動を通じて日本語を学ぶことができるのです。日本とドイツの未来をつなぐ人材が育っています。

▲書店には必ずといってもいいほど漫画コーナーがある。漫画だけでなく、日本人作家による文学作品も数多く翻訳されている。

▲日本の衣料品店や専門店も進出し、受けいれられている。

◀駅にある寿司販売店。日本食の健康的なイメージと、手軽に食べられることから人気が定着した。

東京でできるドイツ体験

　毎年11月ごろに東京では「ドイツフェスティバル」が開催されます。日本とドイツの交流150周年をむかえた2011年から続くイベントで、ドイツのパンやソーセージなどの伝統的な料理や特産品がならび、多くの人が楽しんでいます。また、文化の体験や音楽の演奏、国の紹介もおこなわれます。

　ドイツを学び、交流のきっかけとなるイベントです。

▲ドイツフェスティバル2024のようす。

巻末資料

ドイツ基本データ

正式国名
ドイツ連邦共和国

首都
ベルリン

言語
公用語はドイツ語。

民族
ドイツ人が約88.2％、トルコ人が約3.4％、イタリア人が約1.0％。

宗教
キリスト教のカトリックが約24.8％、プロテスタントが約22.7％。無宗教の割合がふえている。

通貨
通貨単位はユーロ。1ユーロは約160円（2024年11月）。紙幣は500、200、100、50、20、10ユーロ。硬貨は2、1ユーロ。補助単位はセント。

▲2024年現在、ドイツで使用されている通貨の一部。

政治
16の州からなる連邦共和制。国家元首は連邦大統領だが、内閣を代表する連邦首相が行政の実務をになう。2024年現在の大統領はフランク＝ヴァルター・シュタインマイヤー。首相はオラフ・ショルツ。連邦議会と連邦参議院の二院制。連邦議会定数は598だが、現在は調整議席をふくめた736議席で、任期は4年。2021年の選挙で三党連立政権が成立したが、2024年11月に崩壊。

▲ベルリンにある連邦議会議事堂。

情報
新聞は全国紙がなく、地域の日刊紙が約320紙、デジタル配信が約260紙ある。公共放送にはARD（ドイツ公共放送連盟）、ZDF（第2ドイツテレビ）、ドイツラジオなど。国際放送のDW（ドイチェ・ヴェレ）はラジオやテレビ、インターネットで多言語での放送をおこなう。

▲キオスクで売られる日刊紙。

産業
世界有数の先進工業国で、おもな産業は自動車、機械、化学・製薬など。貿易大国でもある。国内総生産（GDP）の規模ではEU内で第1位。

▲フォルクスワーゲン社の最新自動車工場。

貿易

輸出総額　1兆6884億ドル（2023年）

おもな輸出品は機械類、自動車など。おもな輸出先はアメリカ、EU、中国など。

輸入総額　1兆4626億ドル（2023年）

おもな輸入品は機械類、自動車など。おもな輸入先は中国、EU、アメリカなど。

日本への輸出　約3兆1479億円（2023年）

おもな輸出品は、医薬品、乗用車。

日本からの輸入　約2兆7168億円（2023年）

おもな輸入品は電気機器、一般機械。

軍事
NATO加盟国。独連邦軍をもち総兵力は約18.1万人（2023年）。徴兵制度は一時停止されている。国内には米軍、英軍、仏軍が駐留する。

ドイツの歴史

長く続いた戦争の時代

4世紀にヨーロッパに広まったゲルマン民族が定着し、8世紀以降はフランク王国のカール大帝が領土を西ヨーロッパにひろげた。911年、東フランク王国のコンラート1世が最初のドイツ国王として即位した。神聖ローマ帝国の成立と衰退、宗教戦争、30年戦争を経て、プロイセン王国が台頭した。ナポレオン時代はその支配下に置かれたが、1815年のウィーン会議の結果、ドイツ連邦が成立した。その後、政治家ビスマルクが登場しプロイセンが強大化、1871年に普仏戦争で勝利するとプロイセンの主導のもとにドイツ帝国が成立した。

1918年、第1次世界大戦に敗北し、ドイツ革命によりワイマール（ヴァイマール）共和国が誕生した。1933年、アドルフ・ヒトラーによる国民社会主義ドイツ労働者党（ナチ党）の台頭によりワイマール（ヴァイマール）共和国は崩壊し、ヒトラーが首相に就任、政治弾圧によりナチ党の独裁が確立した。1939年に始まった第2次世界大戦ではナチ政権のもと、ヨーロッパ各国を占領した。反ユダヤ主義にもとづく「ホロコースト」をはじめ、多くの迫害や殺害がおこなわれた。犠牲者は600万人にものぼるといわれる。1945年にアメリカ・旧ソ連・イギリスなどの連合国にやぶれ、戦後は連合国の占領下に置かれた。

▲ベルリンのミッテ区にある戦勝記念塔。頂部に金色の勝利の女神ヴィクトリアが立つ。

東と西、分断と統一

1949年にアメリカ・イギリス・フランスの占領地区にドイツ連邦共和国（西ドイツ）が、そして旧ソ連の占領地区にドイツ民主共和国（東ドイツ）が成立した。以降、西ドイツは資本主義、東ドイツは社会主義の国づくりを進めた。1955年、西ドイツは北大西洋条約機構（NATO）に、東ドイツはワルシャワ条約機構に加盟した。1961年には「ベルリンの壁」が建設されたが、1972年に関係が正常化した。1973年には両国が国連加盟。西ドイツは戦後めざましい復興をとげたが、東ドイツは経済が停滞した。1989年秋に東ドイツ市民の民主化を求めるデモが急速に拡大し、ベルリンの壁が崩壊した。翌年に西ドイツが東ドイツを編入する形でドイツの統一が実現した。

▲ベルリンの壁崩壊によって行き来できるようになったブランデンブルク門はベルリン再統一のシンボル。かつての市門。

連立政権の崩壊

2005年に首相に就任したアンゲラ・メルケルは、ドイツ史上初の女性で東ドイツ出身の首相となった。2011年、福島の原子力発電所の事故を受けて、国内の原子力発電所の廃止を決定し、2023年4月に「脱原発」が実現した。2021年の総選挙でオラフ・ショルツ首相が誕生した。近年では愛国主義をかかげ、移民政策に否定的な政党「ドイツのための選択肢」が選挙で躍進している。2024年11月には連立政権が崩壊し、2025年2月に連邦議会選挙がおこなわれた。

◀2024年におこなわれた欧州議会選挙の投票をよびかけるポスター。

さくいん

あ

アイヒェンベルク村 4、32、38
アウトバーン（高速道路） 18
アドヴェント 33
アメリカ 6、7、46、47
アルプス 4
アンネ・フランク 23、24
アンネ・フランク基礎学校 22、24、25、26
アンペルマン 9
イースター 13、24
イスラム教 39
イチゴ 16、17
移民／移民国家 7、16、39、42、47
ヴァルツ 37
LGBTI* 39
煙突掃除人 36
欧州中央銀行（ECB） 6
欧州連合（EU） 5、6、17、21、46

か

カーシェアリング 40、41
カリーヴルスト（カレーソーセージ） 15
カルテスエッセン 14
環境意識／環境問題 15、18、36、41
キオスク 21、46
議会制民主主義 6
気候変動 4、40、43
北ドイツ平原 4、5
キディカルマス 43
ギムナジウム 22、23、45
旧ソ連 6、7、47
教会 4、18、32、33、34、35
キリスト教／キリスト教徒 6、35、46
くつ 8、9、10、12、24
クラインガルテン（市民農園） 31
クリスマス 24、31、33
ケーキ 17
ゲゼレ（職人） 36、37
結婚／結婚式 34、35、39
ゲマインシャフトシューレ 22、23
ゲルマン民族 6、47
原子力発電 40
国内総生産（GDP） 6、46
国立MEISSEN磁器製作所 37

さ

再生可能エネルギー 7、40

ザウアークラウト 15
サッカー／サッカー場 12、13、24、27、28、30
シェア（シェアリング） 40、41
自然保護／自然保護地域 4、5、17
自転車 13、18、19、23、41、43
自動車 7、18、41、46
市壁 18
ジャガイモ 5、15、26、38
集合住宅 8、9、11、13
シュールトゥーテ 27
シュトレン 33
シュパーゲル（白アスパラガス） 16
シュヴァイネハクセ 15
乗馬 12、31
食肉店 15、20
シンティ・ロマ 42、43
森林 4、5、31
寿司 45
西岸海洋性気候 4
ソーセージ 15、45

た

第2次世界大戦 6、7、18、42、47
太陽光パネル 23、40
卓球 27、29
多様性／多様性社会 7、38、39
地下鉄 18
つまずきの石 43
ディアンドル 35
鉄道 18
電気自動車 7、40、41
電動キックスケーター 41
ドイツ帝国 6、47
ドイツ民主共和国（東ドイツ） 6、47
ドイツ連邦共和国（西ドイツ） 6、47
同好会 13、27、30、31
同性婚 39
ドネルケバブ 16

な

ナチ／ナチ政権／ナチ党 22、23、42、43、47
夏時間（サマータイム） 4
日本デー（文化・市民交流祭） 44
乳製品 5、14
農業 5、38、40
蚤の市 21

は

排気ガス 7、41
ハウプトシューレ 22、23
ハム 14、15
バルト海 4
パン 10、14、15、17、33、45
ビール 17
ビオ 17、20
フードシェアリング 41
風力発電 40
ブラートヴルスト（焼きソーセージ） 15
フライデーズ・フォー・フューチャー 43
ブンデスリーガ 30、31
ベジタリアン（菜食主義者） 15、26
ベルリン／ベルリン州 7、8、9、13、16、18、22、24、26、39、42、46、47
ベルリンの壁 6、7、47
冒険遊び場 29
牧畜 15、38
北海 4、5
ボランティア／ボランティア活動 27、43

ま

マイスター／マイスター制度 20、36
マイバウム（メイポール） 32、33
漫画 26、45
メンザ 26

や

ユーロ 6、46
ユダヤ／ユダヤ人 22、42、43、47

ら

ライン川 4、5
リサイクル 7、13、41
リトル東京 44
リンゴ 5、17
ルーエツァイト 21
ルール工業地域 7、44
レアルシューレ 22、23
レインボーファミリーセンター 39
レープクーヘン 33
レーマー広場 6
連邦議会議事堂 46
連邦共和制 6、46
ロフトベッド 12
路面電車 18、19

取材を終えて

小原佐和子

　ドイツではリサイクルできるびんやペットボトルを返却すると、保証金が返金されます（→p41）。このため、仕事のない人や生活に困っている人が、空き容器を拾ってお金をかせいでいます。しかし、空き容器をごみ箱の中に手を入れてさがすのは危険です。そのため、空き容器を集めやすいようまとめたり、拾っている人に手わたしたり、手軽に捨てられるびん用のケースを設置したりして支援しています。「空き容器はごみ箱の横に置こう！」とよびかける団体もあります。リサイクルできる空き容器が廃棄されるむだをへらし、資源が再利用され、さらに、安全にお金をかせぐことにつながる、とても現実的な活動です。ドイツは市民ひとりひとりの思いやりと社会への協同が根づく国なのだと認識した取りくみでした。

　もうひとつ印象に残るのは、本書内でも紹介した「つまずきの石」です。ドイツだけでなく欧州の各都市に広がる活動です。ナチによる犠牲者が生前くらしていた場所の歩道に、ひとりずつ名前の彫られた真鍮の金属タイルをうめこみ、目に見える記憶として残しています。滞在中、この「つまずきの石」を見ない日はないと言ってもよいほど、無数の金属タイルはまちに存在していました。刻まれた名前やなくなった場所、年月日を見るたびに、

▲まちなかに設置された、空きびん用のケース。捨てる側にも拾う側にも便利。右：びんのラベルに印刷された「空き容器は、ごみ箱の横に置きましょう」とよびかけるマーク。

犠牲になった人びとのことを想像せずにはいられませんでした。天気や時間、位置によって金属タイルがみせる表面の変化が、それ自体が人格をもっているように感じられることさえありました。

　多くの追悼碑や戦争施設があるドイツでは、戦争の記憶を風化させない強い意志が日常にあります。犠牲になった人びとや歴史を記憶にとどめるのは、ドイツだけに課された責務ではなく、世界じゅうの人びとで共有していくことが、わたしたちが未来に対してできる一歩なのだと心に刻まれた取材になりました。

● 監修
金城ハウプトマン朱美（富山県立大学工学部准教授）

● 取材協力（順不同・敬称略）
野田絵美／野田明来／野田一郎／野田裕美子／デュッセルドルフ日本クラブ／Adolph's／Anne Frank Grundschule／Benedikt Feller／Eichemicher Feuerwehr／Charlie Kavi, Fridays for Future Berlin／Friedrich／Japan-Tag Düsseldorf/NRW／Keller's family／Kidical Mass Köln／Lukas Keller／Matthis's family／Jenny Wilken, Regenbogenfamilienzentrum／SC Union 06 Berlin e.V.／Paul W. Giebeler, SCHORNSTEINFEGERINNUNG KÖLN／Staatliche Porzellan-Manufaktur Meissen GmbH／Volkswagen Sachsen GmbH

● 写真提供（順不同）
Chris Ludwig／VW（p7）、stock.adobe.com（p33：クリスマスマーケット）、Fridays for Future／Lukas Stratmann（p43）、Visit Düsseldorf（p44）

● 参考文献（順不同）
『データブック オブ・ザ・ワールド 2025』（二宮書店）／浜本隆志・高橋憲著『現代ドイツを知るための67章【第3版】』（明石書店）／浜本隆志・希代真理子著『ベルリンを知るための52章』（明石書店）／小塩節著『ドイツの都市と生活文化』（講談社）／『TRANSIT16号 美しきドイツ』（euphoria factory）／熊谷徹著『日本とドイツ ふたつの「戦後」』（集英社）／須田芳正・福岡正高・杉崎達哉・福士徳文著『ドイツサッカー文化論』（東洋館出版社）／南直人著『世界の食文化18 ドイツ』（農山漁村文化協会）／下田淳著『ドイツの民衆文化』（昭和堂）／石田勇治著『ヒトラーとナチ・ドイツ』（講談社）／田野大輔・柳原伸洋編著『教養のドイツ現代史』（ミネルヴァ書房）／『ドイツの現状 2023年度版』（ドイツ外務省、Fazit Communication GmbH）／ドイツ統計局／外務省

● 地図：株式会社平凡社地図出版
● 校正：株式会社鷗来堂
● デザイン：株式会社クラップス（佐藤かおり）

現地取材！ 世界のくらし21

ドイツ

発行　　　2025年4月　第1刷

文・写真　：小原佐和子（おばら さわこ）
監修　　　：金城ハウプトマン朱美
　　　　　　（かねしろ はうぷとまん あけみ）
発行者　　：加藤裕樹
編集　　　：松原智徳、原田哲郎
発行所　　：株式会社ポプラ社
〒141-8210　東京都品川区西五反田3丁目5番8号
　　　　　　JR目黒MARCビル12階
ホームページ：www.poplar.co.jp（ポプラ社）
　　　　　　kodomottolab.poplar.co.jp（こどもっとラボ）
印刷・製本：株式会社精興社

©Sawako Obara 2025　Printed in Japan
ISBN978-4-591-18453-0
N.D.C.293/48P/29cm

落丁・乱丁本はお取り替えいたします。ホームページ（www.poplar.co.jp）のお問い合わせ一覧よりご連絡ください。
読者の皆様からのお便りをお待ちしております。いただいたお便りは制作者にお渡しいたします。
本書のコピー、スキャン、デジタル化等の無断複製は著作権法上での例外を除き禁じられています。
本書を代行業者等の第三者に依頼してスキャンやデジタル化することは、たとえ個人や家庭内での利用であっても著作権法上認められておりません。
QRコードからアクセスできる動画は館内や館外貸出ともに視聴可能です。
P7211021

現地取材！ 世界のくらし

Aセット 全5巻（1～5） N.D.C.292

1	日本	常見藤代／文・写真 アルバロ・ダビド・エルナンデス・エルナンデス／監修
2	韓国	関根淳／文・写真 李香鎮／監修
3	中国	吉田忠正／文・写真 藤野彰／監修
4	モンゴル	関根淳／文・写真 尾崎孝宏／監修
5	ネパール	吉田忠正／文・写真 藤倉達郎、ジギャン・クマル・タパ／監修

Bセット 全5巻（6～10） N.D.C.292

6	フィリピン	関根淳／文・写真 寺田勇文／監修
7	インドネシア	常見藤代／文・写真 倉沢愛子／監修
8	マレーシア	東海林美紀／文・写真 新井卓治／監修
9	ベトナム	小原佐和子／文・写真 古田元夫／監修
10	タイ	小原佐和子／文・写真 馬場雄司／監修

Cセット 全5巻（11～15） N.D.C.292

11	カンボジア	小原佐和子／文・写真 福富友子／監修
12	インド	常見藤代／文・写真 山下博司／監修
13	スリランカ	東海林美紀／文・写真 荒井悦代／監修
14	ウズベキスタン	関根淳／文・写真 帯谷知可／監修
15	トルコ	東海林美紀／文・写真 イナン・オネル／監修

Dセット 全5巻（16～20） N.D.C.293

16	イギリス	関根淳／文・写真 小川浩之／監修
17	オランダ	吉田忠正／文・写真 桜田美津夫／監修
18	フィンランド	東海林美紀／文・写真 セルボ貴子／監修
19	アイスランド	小原佐和子／文・写真 朱位昌併／監修
20	ハンガリー	関根淳／文・写真 羽場久美子／監修

Eセット 全5巻（21～25） N.D.C.293

21	ドイツ	小原佐和子／文・写真 金城ハウプトマン朱美／監修
22	ポーランド	吉田忠正／文・写真 岡崎恒夫／監修
23	フランス	関根淳／文・写真 羽場久美子／監修
24	イタリア	関根淳／文・写真 八十田博人／監修
25	スペイン	関根淳／文・写真 細田晴子／監修

続刊も毎年度刊行予定！

- 小学高学年～中学向き
- オールカラー
- A4変型判　各48ページ
- 図書館用特別堅牢製本図書

ポプラ社はチャイルドラインを応援しています

18さいまでの子どもがかけるでんわ
チャイルドライン®
0120-99-7777
毎日午後4時～午後9時 ※12/29～1/3はお休み
電話代はかかりません　携帯（スマホ）OK
チャット相談はこちらから